Hundert Gedankenbrücken und „dumme Sprüche“

Hermann Schmuck

1.Auflage

2023

Herausgeber:
Hermann Schmuck

Impressum

Copyright: Hermann Schmuck
Jahr: 2023

ISBN: 9789403699868

Covergestaltung: Hermann Schmuck
Fotos: Maria Schmuck, Hermann Schmuck

Verlagsportal: Bookmundo
Gedruckt in Deutschland

Hundert Gedankenbrücken und „Dumme Sprüche“

Vorwort

Das Vorwort soll erklären,
welche Gründe es doch wären,
die mich zum Nachdenken anregten,
und mich dann dazu bewegten,
die Gedanken dem Kugelschreiber abzuringen
und sie auf Papier zu bringen,
doch es fiel mir meistens leicht
die Gedanken sind selten seicht
sie umschreiben das alltägliche Leben
und sollen einen Hinweis geben
dass nicht alles selbstverständlich ist
manches was passiert, ist auch ein großer Mist
auch ist der eine oder andere Gedanke
so, dass ich mich nicht dafür bedanke
weil sie manchmal Situationen beschreiben
die unangenehm in Erinnerung bleiben
doch nach dem lesen, kann jeder selbst festlegen
ob einen diese Gedanken berühren und bewegen
deswegen wünsche ich jedem mit diesem Buch eine schöne Zeit
und hoffe, jeder ist zum Nachdenken bereit.

Hermann Schmuck

Zum Nachdenken und lachen

Der Wichtigste Tag 8
Der beste Freund des Menschen 9
„Dumme Sprüche“. 10
Gift 11
Niveau 12
Honig 12
Buid`l 13
Zuverlässig 13
Zwei Kollegen 14
In der Zeitung lesen 14
Bereuen 15
Die Fassade 15
Mensch bleiben 16
Politikerdemenz. 17
Der harte Kern 18
Das Rad`l 19
Schlaftabletten 19
„Dumme Sprüche“ 20
Neid Verhalten 21
Mehr Aufwand 21
Nach fest kommt lose 22
Keine Langeweile 23
Sehstörung 23
Die Katze 24
Helikoptereltern 25
Schlechtes Wetter 25
Sauber 26
Der Weg ist das Ziel 26
Gesunder Geist 27
Vornamen 27
Vom Haben und Brauchen 29
„Dumme Sprüche“ 30
Das Spatzenhirn 31
Schätzen 32

Probleme 33
Neue Dinge 33
Dumme Sau 34
Heiße Luft 34
Der Fernseher 35
Theorie und Praxis 36
Das Passwort 37
„Dumme Sprüche“ 38
Scheidungsgründe 39
Alkohol trinken 40
Gegenwind 40
Wia de Meist`n 41
Der Mensch dahinter 42
Was heißt Mut 43
Der Apfel 44
Die Sache mit der Zukunft 45
Die Vernunft 45
Lüge und Wahrheit 46
Enttäuscht 46
„Dumme Sprüche“ 47
Brücken 48
Veränderungen 50
Der Unterschied 50
In Rente 51
Uhren 52
Was man am meisten bereut 52
Das Paradies wird nicht erkannt 53
Lebenserfahrung 54
Die dunkle Seite des Menschen 54
Haftbedingungen 55
Zum Lachen bringen 56
Wettkämpfe 56
Denkende Affen 57
Geschichte 57
„Dumme Sprüche“ 58
Früher Nachdenken 59
Was sollte man nicht tun 59
An der Mauer 60

Richtig Kritisieren 60
Nicht wählbar 61
Was ist Pech? 61
Der Heimweg 62
„Dumme Sprüche“ 64
Dumme Fragen 65
Das Schicksal schläft nie 65
Für immer 66
Kinderaugen 67
Tausend Tage 67
Erfahrungen 68
Jede Sekunde 68
Zeitlupe 69
Der Kalender 69
Das Leben nimmt 70
Die dunkle Seite 70
Das Leben ist meistens schön 72
Fliegen 73
So fing es an 73
Zeitvertreib 74
Die Zeit vergeht 74
Teilbar 75
Die Zeit heilt Wunden 76
Papier 76
Wer braucht was 77
Die Toleranz 78
Bilder aus Kindertagen 78
Jung bleiben 79
Nichts gemacht 79
„Dumme Sprüche“ 80
Die Zeit erkennen 81
Die Zeit wird irgendwann fehlen 82
Wiedersehen 84
Zur falschen Zeit 84
Gestorben? 85
Lebensfreude? 86

Zum Nachdenken und lachen

Der wichtigste Tag

Wenn man hat ein langes Leben
wird es viele wichtige Tage geben

einer davon der wichtigste, das werden alle wissen
man wird durch die Geburt ins Leben geschmissen

doch ist das wirklich der wichtigste Tag
mir ist so, dass ich nicht recht dran glauben mag

denn noch wichtiger ist der Tag, das sei noch zu nennen
an dem wir den Grund für unser Dasein erkennen.

Der beste Freund des Menschen

Man sagt, der beste Freund des Menschen ist der Hund
das tut er auch durch sein Verhalten kund

beschützt das Haus und auch die Herde
und düngt auch wenn`s sein muss die Erde

doch das wichtigste Merkmal des Hundes ist
es ist ihm egal ob du schön oder hässlich bist

ihm ist auch egal deine Hautfarbe
oder ob dein Gesicht ziert eine große Narbe

er ist ein Freund, der so was nicht unterscheidet
und der dich nur um das öffnen können des Kühlschranks beneidet.

„dumme Sprüche“

Von vielen Menschen werden zu viele Dinge nicht entdeckt,
denn sie sind hinter ihrer Angst versteckt.

Würde man sich von Menschen nur wegen ihres Aussehens entfernen,
würde man viele nette Menschen nicht kennenlernen.

Ist man einem Menschen nah, wenn man neben ihm steht,
oder wenn man seine Gedanken versteht.

Gift

Gift gibt es in vielen Sorten
Gift gibt es an vielen Orten

Gift wird mal verspritzt
Gift auch manchmal in einem Stachel sitzt

Gift ist mal flüssig und mal nicht
Gift entsteht mal im Dunkeln und mal im Licht

Gift gibt es in vielen Farben
Gift verursacht auch mal tiefe Narben

Gift ist auch mal in der Luft
Gift verströmt auch manchmal einen betörenden Duft

doch das schlimmste Gift das man in diesen Zeiten entdeckt
ist leider viel zu oft in Worten versteckt.

Niveau

Etliche Politikerposten könnte man ersetzen
und mit beliebigen Menschen besetzen

und trotzdem würde man das Niveau nicht nach
unten drücken
denn um manches Politiker Niveau zu erreichen, muss man
sich bücken.

Honig

Er wird erzeugt aus blühenden Blumen
man hört dann die Bienen summen

zuckersüß wie er schmeckt
wurde er schon früh vom Menschen entdeckt

wird mit Brot und Butter verzehrt
und ist auch sonst sehr begehrt

doch wenn ich in ein Lehrbuch gucke
ist Honig eigentlich nur Bienenspucke.

Buid`l

Buid`l hänga vui an den Wänden
wer`n olle gmoid mit Pins`l und mit Händen

doch bei manche Buid`l kann`t ma moana
wenn de so an da Wand loana

a Horde Aff`n hot mit Farbkübel`n gspuid
und hot so de Leinwand mit Farbe og`fuit.

Zuverlässig

Beim zusammen leben von Frau und Mann
weiß sie, dass sie sich auf ihn verlassen kann

sie sagt ihm ihre Wünsche und Anliegen
und kann sich dann in Sicherheit wiegen

die Erledigung ist dann nicht mehr aufzuhalten
deswegen muss man nicht alle sechs Wochen eine Erinnerungsrede halten.

Zwei Kollegen

Zwei Kollegen arbeiten immer zielstrebig und flott
der eine hü und der andere hott

wenn die was anpacken, kann man sich in Sicherheit wiegen
was der eine nicht macht, lässt der andere liegen.

In der Zeitung lesen

Immer wieder kann man in der Zeitung lesen
der oder die ist ein berühmter Mensch gewesen

manchmal wegen einer besonderen Erfindung bekannt
oder er wird mit einem wichtigen Ereignis genannt

hat sich durch seine Taten sehr viel Berühmtheit erworben
doch jetzt ist er leider verstorben

doch eines ist dabei etwas seltsam
man liest nie, wann so ein Mensch auf die Welt kam.

Bereuen

Worüber ich mich nie freue
ist, wenn ich etwas bereue

denn dann liegt eines auf der Hand
es kommt zu spät dann der Verstand.

Die Fassade

Es wird oft verändert die Fassade
darum ist es manchmal auch nicht schade

doch es ist egal wie ausschaut die Frisur
denn es zählt der Mensch dahinter nur

auch wenn viele ins äußere sind verliebt
wichtig ist, was es innen zu finden gibt.

Mensch bleiben

Egal was man braucht
egal was man raucht

egal was man kauft
egal ob man mit jemand rauft

egal wohin man fährt
egal wie oft sich ein Geburtstag jährt

egal was man trinkt
egal ob man in Trauer versinkt

egal welche Wege man geht
egal auf welcher Seite man steht

egal mit was man sich die Zeit vertreibt
wichtig ist, dass man menschlich bleibt.

Politikerdemenz

Politikerreden haben so ihre Tücken
denn einige Politiker haben später viele Erinnerungslücken

woher das kommt, kann man nicht sagen
es wird sie auch kein schlechtes Gewissen plagen

man sieht da leider eine eindeutige Tendenz
es greift immer mehr um sich die Politikerdemenz

kaum hat ein Versprechen ihre Lippen verlassen
wird die Erinnerung daran schnell verblassen.

Der harte Kern

Manchmal spricht man vom harten Kern
bei Früchten hat man ihn nicht so gern

doch im Freundeskreis
da ist das anders, wie man weiß

man hat sich mit der Zeit Freunde angeschafft
die einen auch wenn nötig, unterstützen mit aller Kraft

wer dazu gehört erkennt man zu einer bestimmten Zeit
man braucht ihn dringend, und er ist sofort zur Hilfe bereit

oder gehört er zu denen die nur beim Feiern oder Trinken
meistens und gerne als letzte zum Abschied winken.

Das Radl

Radl gibt's vui verschiedene Art`n
manchmoi muass ma lange auf d`Lieferung wart`n

san unterschiedlich zum fahr`n und sitz`n
ma muass moi mehr und moi wenga schwitz`n

Mountainbike oder a Rennrad`l
do kriagt ma dann stoake Wad`l

doch oan`s hab`ns olle, wenn ma`s vergleicht
nur bergob geht s`tret`n leicht.

Schlaftabletten

Es gibt viele Arten von Schlaftabletten
um den guten Schlaf zu retten

doch keine Tablette hilft so sicher einzuschlafen
wie das Fernsehprogramm, mit dem wir uns alle bestrafen.

„dumme Sprüche“

Wenn man mit jedem Menschen Streit hat im Leben,
wird es dafür nur „einen“ Grund geben.

Wer im Leben aufhört zu lernen,
wird sich immer weiter vom Wissen entfernen.

Wenn man alles hat im Leben,
kann es keine Träume oder Wünsche geben.

Neid Verhalten

Der Neid ist bei uns weit verbreitet
auch wenn es jeder abstreitet

doch viele Dinge werden manche Menschen nur
aus einem Grund erstehen
sie haben sie beim Nachbarn schon gesehen.

Mehr Aufwand

Will man einen fitten Körper haben
stellt das jeden vor große Aufgaben

schwitzen beim Laufen oder Gewichte heben
nur so kann es einen fitten Körper geben

doch dabei wird jeder feststellen können
will man sich diese Fitness noch im höheren Alter gönnen

ist es genauso, wie beim faltenfreien Gesicht
ohne mehr Aufwand geht das nicht.

Nach fest kommt lose

Man Kauft einen Schrank im Sonderangebot
und hat bei der Montage seine Not

die Wände dünn und nicht stabil
die wackeln viel zu viel

auch die Muttern und Schrauben
das ist nicht schwer zu glauben

sind auch nicht besonders fest
das bestätigt auch jeder Test

deswegen geht das zusammen schrauben oft in die Hose
denn wie viele wissen, nach fest kommt lose.

Keine Langeweile

Ein Freund verbringt sehr viel Zeit
mit seiner geliebten Hobby-Arbeit

auf den Hinweis er könnte diese Sachen
aus meiner Sicht auch schneller machen

meinte er nur, es ist nicht nötig, dass ich mich beeile
denn ich vertreibe damit ja die Langeweile.

Sehstörung

Man sieht im Leben viele nützliche Gegenstände
manchmal streckt man danach aus die Hände

doch zu viele Menschen nehmen viele Dinge falsch wahr
ihnen ist scheinbar die richtige Bedeutung nicht klar

denn sie sehen bei zu vielen Dingen auf der Welt
nur das damit zu verdienende Geld.

Die Katze

Die Katze ist in vielen Häusern zuhause
faulenzt dort ohne Pause

schnurrt den Menschen um die Beine
Aufgaben übernimmt sie grundsätzlich keine

fängt Mäuse zu ihrem Vergnügen
fängt sie keine, wird sie niemand rügen

sie lebt das Leben von Edelleuten
für die Menschen hat das zu bedeuten

die Katzen haben ein schönes Leben und keine Qual
denn sie haben die Menschen ja als Personal.

Helikoptereltern

Helikopter Eltern müssen alles überwachen
müssen bestimmen über alle anstehenden Sachen

doch irgendwann wird es sie nicht mehr geben
dann müssen die Kinder ohne sie leben

dann sind sie von einem selbstständigen Leben weit entfernt
denn sie haben es ja nie gelernt.

Schlechtes Wetter

Zu viele schimpfen über den Regen
da ist es ungemütlich sich draußen zu bewegen

die Nässe geht schnell durch die Kleider
man wird nass bis auf die Haut leider

doch es ist falsch, sich über das Wetter zu beklagen
man müsste nur die richtige Kleidung tragen.

Sauber

Jemand erzählt stolz von seinem Haus
und dass es im Haus immer top schaut aus

in der Küche, sagt er stolz
und die ist komplett aus Holz

da ist die Reinlichkeit so bemessen
da könnte man immer vom Boden essen

ein Zuhörer meint, dass ist schwer hinzukriegen
dann muss ja immer Essen auf dem Boden liegen.

Der Weg ist das Ziel

Für viele ist der Weg das Ziel
sie investieren dafür sehr viel

doch was nur für wenige im Vordergrund steht
es ist auch wichtig, wie man ihn geht

aufrecht und gerade gehen oder laufen
doch zu viele wollen ihn sich kaufen.

Gesunder Geist?

Wenn es wirklich so ist, wie es heißt
in einem gesunden Körper wohnt ein gesunder Geist

und wenn man sich dann umschaut im Leben
muss es viele kranke Menschen geben.

Vornamen

Namen sind Schall und Rauch
doch manchmal sind sie auch

ungewöhnlich oder sehr ausgefallen
und werden nicht geliebt von allen

würden viele Menschen können
würden sie sich einen anderen Vornamen gönnen.

Vom Haben und brauchen

Die Werkstatt ist mit Werkzeug voll
nicht jeder findet das auf Anhieb toll

denn vieles wird benutzt sehr selten
und kann nach Jahren noch nicht als gebraucht gelten

es wird geschimpft über den hohen Kaufpreis
denn das Teil ist lange ungenutzt, wie man weiß

doch irgendwann kommt der Tag, das ist bewiesen
da ist man genau auf dieses Teil angewiesen

dann wird der Ärger über den Kauf schnell verrauchen
denn man merkt, haben ist besser als brauchen.

„dumme Sprüche“

Wünsche oder Träume treiben uns an,
wie kein noch so starker Motor es kann.

Genauso wie jeder Zopf,
beginnt jede Veränderung im Kopf.

Wenn jeder Mensch nur reden würde, wenn er was zu sagen hat,
fänden viele Gespräche nicht statt.

Das Spatzenhirn

Ein Vogel sitzt auf einem Ast
er hat Zeit und keine Hast

fliegt nur den Mücken hinterher
die zu kriegen ist für ihn nicht schwer

hat nicht viel Hirn, braucht nicht nachdenken
nur mit dem Spatzenhirn seine Wege lenken

kein Vergleich zu unserem Verstand
die Überlegenheit des Menschen liegt klar auf der Hand

und doch baut er nur mit dem Schnabel ein Nest
das ist sicher und ziemlich fest

die Äste sind mit System ineinandergeschoben
wirken fast wie verwoben

manchmal einem Kunstwerk gleich
an Baukunst sehr reich

wir könnten, selbst mit zwei Händen
diesen Bau nicht so beenden

wenn man dann dieses Können addiert in Summe
weiß man nicht, wer ist der Schlaue und wer der Dumme.

Schätzen

Wenn man bei jemandem das Alter schätzt und ihn betrachtet
ist es wichtig, dass man darauf achtet

nicht jeder hat das Gesicht
was man auch sieht bei schlechtem Licht

dass zu seinem Alter gehört
was so manchen furchtbar stört

ginge man immer nach dem äußeren Erscheinungsbild im Leben
könnte es für so manchen eine Rentennachzahlung geben.

Probleme

Es gibt etliche Probleme hier auf Erden
die uns vom Leben vorgesetzt werden

doch ist man zu zweit, gibt es eine zusätzliche Bürde
man hat Probleme, die man alleine nicht haben würde.

Neue Dinge

Beim kennen lernen von neuen Dingen
kann man eine Regel zur Anwendung bringen

nicht alles, was neu ist, ist zu preisen
nicht alles, was alt ist, ist vom Platz zu verweisen

diese Regel ist bestimmt nicht verkehrt
doch gilt sie auch genauso umgekehrt

doch die Entscheidung was zu welcher Sparte zählt
den einen oder anderen schon sehr quält.

Dumme Sau

Manchmal bezeichnet man Menschen mit dem Wort: dumme Sau
dabei weiß man auch genau

es gibt immer den Menschen, der sich dann verteidigt
doch oft wird auch das Tier bei dem Vergleich beleidigt.

Heiße Luft

Beim Reden entsteht viel heiße Luft, sagt man
es kommt oft mehr als sinnvolle Wörter an

darum sollte es geben ein neues Gerät
dass alles filtert und uns dann verrät

welches sind die Wörter, die es wert sind, dass man sie hört
und was ist nur heiße Luft, die viele Leute stört.

Der Fernseher

Der Fernseher ist meistens eine schwarze Kiste
steht bei vielen ganz oben auf der Wunschliste

manchmal fast so groß wie eine Wand
manche haben auch fast Platz in einer Hand

er hat eine magische Anziehungskraft
die es leider viel zu oft schafft

dass wir unsere wertvolle Zeit vor ihm verbringen
und nicht mit anderen, sinnvolleren Dingen.

Theorie und Praxis

In der Schule wird vieles gelehrt
auch der Unterschied zwischen Theorie und Praxis erklärt

der Lehrer fragt ob jemand den Unterschied kennt
und ihm das wichtigste Merkmal nennt

die Schüler denken hin und her
doch die Antwort ist nicht einfach, eher schwer

doch dann meldet sich der kleine Max
der hinten sitzt auf dem letzten Platz

Theorie und Praxis sind leicht zu unterscheiden
man braucht nur gegenüberstellen die beiden

in der Theorie sollte theoretisch alles gut funktionieren
doch es ist keine Bewegung zu registrieren

bei der Praxis ist es genau anders herum
alles läuft super und keiner weiß warum.

Das Passwort

Ein Passwort wird sehr oft vergeben
das gehört jetzt zu unserem Leben

doch wie soll man es gestalten
wie soll man es verwalten

vielleicht kann man es mit einer Unterhose vergleichen
da kann man mit einer langen auch mehr Schutz erreichen

und bei Unterhosen sollte man noch beachten
ich weiß nicht, ob alle daran dachten

sie zu teilen ist nicht schön und auch nicht richtig
sie regelmäßig zu wechseln wäre auch noch wichtig.

„dumme Sprüche“

Ein unerreichbares Ziel liegt oft nicht an unüberwindlichen Toren,
sehr oft liegt der Grund zwischen den Ohren.

Auch wenn fast alle es machen, wird falsches Verhalten,
immer seinen falschen Charakter behalten.

Die Wahrheit ist manchmal ein hartes Brot,
viele haben damit, es zu verdauen ihre liebe Not.

Scheidungsgründe

Es gibt sehr viele Scheidungsgründe vor Gericht
alle zu kennen das geht gar nicht

es werden einige Gründe vorgeschoben
und dann die Ehe aufgehoben

der häufigste Grund warum Paare sich scheiden lassen
ist nicht, weil sie sich vielleicht hassen

Untreue ist auch auf dieser Liste
mancher springt zu oft in eine fremde Kiste

oder man hat sich auseinandergelebt
und es werden neue Ziele angestrebt

doch den häufigsten Grund heraus zu finden, geht ganz geschwind
es ist natürlich, weil sie verheiratet sind.

Alkohol trinken

Viele Menschen trinken Alkohol
und fühlen sich dann wieder wohl

doch das ist ein trügerischer Genuss
weil man irgendwann wieder nüchtern werden muss.

Gegenwind

Manchmal kann man im Leben Gegenwind spüren
da hilft es eine kleine Bewegung auszuführen

man muss sich nur um 180 Grad drehen
und schon könnte man mit Rückenwind gehen.

Wia de Meist`n

Moi bin i munter
moi ziagt me wos runter

moi bin i a Genie
moi kriag i nix hi

moi bin i a Kämpfer
moi kriag i an Dämpfer

moi bin i a Unnützer
moi bin i a Beschützer

moi bin i a Stubenhocka
moi lass i mi vo da Natur locka

moi bin i a Siega
moi bin i a Verliera

doch i glaub, i konn mia des ois leist`n
denn dann bin i wia de Meist`n.

Der Mensch dahinter

Wenn man Menschen begegnet stellt man fest
manchmal ist es wie ein Test

denn auf den ersten Blick kann man selten sagen
ob wir zu viel wagen

wenn man diesem Menschen vertraut
doch dann ist es wichtig, dass man dahinter schaut

was ist hinter dem Anzug oder dem Tattoo versteckt
oft ist man überrascht was man dahinter entdeckt

denn es ist nicht wichtig, wie ein Mensch durch`s Leben geht
sondern wie er denkt, und wofür er steht.

Was heißt Mut

Mut heißt Träume zu leben
Mut heißt auch mal zu vergeben

Mut heißt auf Falsches zu zeigen
Mut heißt auch mal zu schweigen

Mut heißt über alles zu sprechen
Mut heißt auch mal auszubrechen

Mut heißt den Blick auf das Richtige zu richten
Mut heißt auch mal zu verzichten

Mut heißt das Richtige anzutreiben
Mut heißt manchmal auch, man selbst zu bleiben.

Der Apfel

Es gibt sehr viele verschiedene Sorten
an vielen unterschiedlichen Orten

er ist voll von gesunden Inhaltsstoffen
deswegen kann man auf einen Effekt hoffen

denn hat man den Apfel jeden Tag gern
heißt es, man sieht den Doktor nur von fern

doch auch andere Lebewesen haben das erkannt
einem bestimmten Wurm ist das sehr bekannt

deswegen ist man es manchmal gewohnt
man beißt in einen Apfel, und er ist vom Wurm bewohnt

doch schlimmer ist, man hat einen Apfel angebissen
und man muss einen halben Wurm vermissen.

Die Sache mit der Zukunft

Das mit der Zukunft ist eine seltsame Sache
weil ich immer die Erfahrung mache

man wartet manchmal auf sie, und ist dann für sie bereit
doch kaum ist sie dann da, ist sie schon Vergangenheit.

Die Vernunft

Wenn man in einer Situation an die Vernunft appelliert
ist man nachher meistens sehr frustriert

denn wenn es bei Menschen um den eigenen Vorteil geht
die Vernunft nicht an erster Stelle steht.

Lüge und Wahrheit

Was ist Lüge und was ist Wahrheit
in unserer verrückten Zeit

man ist entsetzt von beiden
man kann sie nicht mehr unterscheiden

wir sind der Wahrheit beraubt
man ist versucht, dass man der Lüge glaubt

nichts liegt mehr auf der Hand
sehr oft zweifelt der Verstand.

Enttäuscht

Enttäuscht werden gehört leider zum Leben
doch wie kann es eine Enttäuschung geben

wenn man enttäuscht wird, heißt das sehr oft bloß
die Wünsche waren nur zu groß.

„dumme Sprüche“

Der Weg nach Hause kann Kontinente überwinden,
manchmal ist er auch nur im Kopf zu finden.

Um glaubhaft zu Lügen, muss man die Wahrheit kennen,
sonst würde man vielleicht aus Versehen die Wahrheit nennen.

Zu viele Menschen lassen sich die Wahrheit rauben,
denn es ist leider zu oft einfacher an Lügen zu glauben.

Brücken

Brücken sind mal eine Verbindung zwischen zwei Ländern
sie können auch manchmal etwas verändern

mit Brücken ist es wie mit vielen anderen Sachen
es kommt darauf an, was die Menschen damit machen

diese Bauwerke müssen nicht allen gefallen
werden manchmal benutzt um ein Land zu überfallen

auch Pfeil und Bogen wurden mal für die Jagd erdacht
und was hat der Mensch leider noch damit gemacht

so wären Brücken eigentlich da, um Menschen zusammen
zu bringen
und nicht, sie zu überfallen und umzubringen.

Veränderung

Nur was lebt kann sich verändern
kann gehen zu neuen Rändern

nur wer denkt kann das erfassen
und Neues in sein Leben lassen.

Der Unterschied

Die meisten Affen leben auf einem Baum
einige unterscheiden sich vom Menschen kaum

doch es gibt einen großen Unterschied zwischen Menschen und Affen
Gorillas und Schimpansen bauen keine Waffen.

In Rente

Man freut sich nach einem langen Arbeitsleben
da wird es die wohlverdiente Rente geben

dass ist dann eine große Wende
man hat Freizeit ohne Ende

man hat sich für diese Zeit viel aufgehoben
doch ab jetzt wird nichts mehr auf später verschoben

reisen, garteln oder Wandern
da hat man dann viel mehr Zeit als die Andern

doch es ist wichtig, dass ihr auf eines Acht gebt
die Rente hat noch keiner überlebt.

Uhren

Auf unserer Welt in vielen Ecken
wird man viele Uhren entdecken

doch die Uhren sind nicht verantwortlich für die Zeit
sie sind nur stets dazu bereit

die Stunden und Tage mitzuzählen
und uns manchmal damit zu quälen

denn die Uhren stehen nur Spalier
betroffen von der Zeit sind nur wir.

Was man am meisten bereut

Man macht manchmal Dinge im Leben, die man bereut
doch was einen dann irgendwann am wenigsten freut

man bereut am meisten die Sachen
die man im Leben versäumt hat zu machen.

Das Paradies wird nicht erkannt

Wenn man so überlegt, ist die Sache mit dem Paradies
eigentlich auch ganz schön fies

es wird einem nach dem Tod versprochen
und es gibt viele die darauf pochen

leben ihr Leben mit sehr vielen Regeln und Verzicht
und erkennen dabei nicht

dass wir schon in einem Paradies leben
ein zweites wird es nicht geben.

Lebenserfahrung

Wenn wir Lebenserfahrung mit der Muttermilch bekämen
bräuchten sich viele nicht so oft zu schämen

doch den Moment eine neue Erfahrung zu erleben
würde es dann in unserem Leben nicht geben.

Die dunkle Seite des Menschen

Bomben können viel Schaden verursachen
aber auch viele andere Dinge kaputt machen

zerstören nicht nur Häuser und Gleise
zerstören leider auch auf andere Weise

zerstören die Hoffnung und verbreiten Angst und Schrecken
lassen uns die dunkle Seite des Menschen entdecken.

Haftbedingungen

Menschen sind manchmal boshaft
Kinder sind meistens lebhaft

die Brotzeit ist herzhaft
das Wetter ist oft wechselhaft

Verhalten ist manchmal lachhaft
unberührte Natur ist zauberhaft

ein Sportler ist selten meisterhaft
der Schüchterne ist immer zaghaft

Zahnreihen sind oft lückenhaft
Schauspieler sind manchmal fabelhaft

verdorbenes Essen ist ekelhaft
der Tod ist immer dauerhaft.

Zum Lachen bringen

Ein Künstler muss sehr viel machen
damit Menschen herzhaft lachen

es ist auch schwierig die richtigen Worte zu wählen
damit sie dann das Zwerchfell quälen

oder sich auf einer Bühne so zu bewegen
und die Menschen zum Lachen anzuregen

leider ist es viel einfacher, das kann man jetzt überall entdecken
Menschen zu versetzen in Angst und Schrecken.

Wettkämpfe

Es gibt viele Wettkämpfe auf der Welt
was viele vor eine unlösbare Aufgabe stellt

denn egal welcher Wettkampf oder welche Spiele
verlieren müssen jeden Tag auf der Welt viel zu viele.

Denkende Affen

Warum hat die Evolution das Denken erschaffen
warum blieben wir nicht wie andere Affen

man könnte nach reiflicher Überlegung das Richtige tun
doch wenn ich auf unsere Welt blicke nun

und sehe was Menschen bisher alles taten
ist es für mich nicht schwer zu erraten

könnten wir wirklich denken
müssten wir unsere Wege in andere Richtungen lenken.

Die Geschichte

Geschichte wird immer entstehen
das können wir jeden Tag sehen

doch nicht alles was von der Geschichte bleibt
ist es auch wert, dass man es aufschreibt.

„dumme Sprüche“

Denken verändert die Gedanken,
jeder Gedanke verändert das Denken.

Ein Mensch kann etwas Neues beginnen und lernen,
doch die Menschheit wird sich nie vom Neandertaler entfernen.

Würde man jede Konsequenz unseres Tun`s vorher wissen,
würde man viele Taten missen.

Früher Nachdenken

Wie die Geschichte uns verrät
kommt bei vielen das Nachdenken zu spät

deswegen sollte sich das Verhältnis von denken und handeln
bei vielen Menschen wandeln

denn wenn Menschen nachdenken über ihre Vorhaben
liegt bei vielen schon alles im Graben.

Was sollte man nicht tun

Viele Menschen wissen nicht was sie wollen
oder was sie wann tun sollen

doch viel wichtiger ist in dieser Zeit nun
was soll und darf man auf keinen Fall tun.

An der Mauer

Die Uhr hängt einfach an der Mauer
und zeigt jedem, die Zeit liegt auf der Lauer

sie rast am schnellsten vorbei, in achtlosen Augenblicken
wenn die Uhren scheinbar schneller ticken.

Richtig kritisieren

Kritik die wir richtig verwenden
kann Missverständnisse beenden

Kritik kann helfen umzudenken
oder die Wege in eine andere Richtung zu lenken

doch Kritik sollte man immer richtig bemessen
und vor allem, die Person die man im Spiegel sieht nicht vergessen.

Nicht wählbar

Bei vielen Dingen kann man selbst auswählen
manchmal kann einen das auch sehr quälen

doch eine Entscheidung wird jedem Menschen vorenthalten
und kein Protest könnte diese Entscheidung anders gestalten

denn keiner kann selbst entscheiden hier auf Erden
in welches Haus wir geboren werden.

Was ist Pech?

Was ist Pech und was ist Glück
welche Antwort bekommt man auf die Frage zurück

doch für viele ist diese Antwort nicht leicht
den eins von beiden hat sie bisher nicht erreicht.

Der Heimweg

Der Heimweg ist mal kinderleicht
aber manchmal ist es auch schwer bis man sein Zuhause erreicht

manchmal müsste man ein Meer durchschwimmen
oder auch einen hohen Berg erklimmen

oder man durchquert auf dem Heimweg eine Wüste
oder man hat vor sich eine steile Felsküste

doch das kann man auf dem Heimweg alles überwinden
nur nicht, wenn sich die Hindernisse im Kopf befinden.

Durchfahrt
verboten

„dumme Sprüche“

Fällt etwas nicht ins Gewicht,
hat man vielleicht die richtige Waage nicht.

Wer etwas ablehnt ohne es zu kennen,
kann dafür nie einen wirklichen Grund nennen.

Die Vernunft ist von der Natur eine der besseren Gaben,
schade, dass zu wenige etwas davon haben.

Dumme Fragen

Dumme Fragen wurden auf unserer Welt
aus meiner Sicht noch nie gestellt

doch überall in allen Ländern und Orten
gibt es auf bestimmte Fragen nur dumme Antworten.

Das Schicksal schläft nie

Das Schicksal schläft nie
und verändert ständig seine Strategie

denn auch wenn etwas unveränderlich scheint
wird das vom Schicksal oft verneint

weil zu viele Vorhaben die man plant im Leben
wird es in der Zukunft nicht geben.

Für immer

Für immer ist eine lange Zeit
manchmal geht es auch nicht so weit

man will jemanden für immer nicht mehr sehen
man wird für immer getrennte Wege gehen

für immer wird jemand gemieden
man ist für immer geschieden

man will für immer alle Brücken abbrechen
oder für immer mit jemandem nicht mehr sprechen

doch eins sei noch gesagt in dieser Not
für immer ist nur der Tod.

Kinderaugen

Kinderaugen können leuchtend strahlen
oder über etwas erreichtes voller Stolz prahlen

in ihnen ist viel Glück zu sehen
es kann leider auch Schmerz und Angst in ihnen stehen

die Erwachsenen hätten es sehr oft in der Hand
dass man die Angst aus ihren Augen verbannt.

Tausend Tage

Tausende von Tagen warten hier auf Erden
um von jedem Menschen gelebt zu werden

erweise ihnen den verdienten Respekt
denn jeder Tag ist es wert, dass man ihn entdeckt.

Erfahrungen

Erfahrungen sind etwas Wunderbares
doch die schönen sind leider etwas Rares

denn bei zu vielen Erfahrungen die die Menschen machen
haben sie leider nicht viel zu lachen.

Jede Sekunde

Jedes Glas Wein kann man nur einmal trinken
jeder Furz kann nur einmal stinken

jeder Apfel kann nur einmal reifen
nach dem letzten Strohhalm kann man nur einmal greifen

jeden Blutstropfen kann man nur einmal vergießen
jede Blume kann nur einmal sprießen

auch die letzte Chance wird es nur einmal geben
und auch jede Sekunde kann man nur einmal leben.

Zeitlupe

Eine Zeitlupe ist manchmal zu sehen
jeder Einzelheit kann man damit auf den Grund gehen

die Zeit lief dann langsamer ab
damit es eine genauere Betrachtung gab

schön wäre, es könnte im Leben
auch mal so eine Zeitlupe geben

dann könnte man zuweilen
viel länger in schönen Momenten verweilen.

Der Kalender

Der Kalender hängt an der Wand und glänzt im Licht
doch für Menschen interessiert er sich nicht

denn er zählt nur froh und munter
unsere sehr begrenzten Tage runter.

Das Leben nimmt

Das Leben gibt, das Leben nimmt
ob das immer stimmt

denn manchen wird zu viel genommen
und sie werden es nie zurückbekommen.

Die dunkle Seite

Der Mond hat seine feste Bahn im Weltall
er wird gesehen von überall

doch wenn man den Mond betrachtet
ist es wichtig, dass man auf eines achtet

dass er, wie fast jeder Mensch auf der Welt
seine dunkle Seite versteckt hält.

Das Leben ist meistens schön

Das Leben wird meistens mit einem Schrei beginnen
das Leben wird auch irgendwann verrinnen

das Leben ist mal ein Lachen
das Leben ist auch mal Späße machen

das Leben ist mal wie ein Marsch durch die Wüste
das Leben ist mal wie das Erreichen der rettenden Küste

das Leben ist mal wie der schönste Sonnenschein
das Leben ist auch mal wie ein Glas saurer Wein

das Leben ist auch mal das höchste Glück
das Leben bringt einen manchmal auf den Boden der
Tatsachen zurück

das Leben ist meistens schön, manchmal unbequem
der Tod ist nichts von alledem.

Fliegen

Bei manchen Tieren, wenn man betrachtet die Anatomie
denkt man sofort, fliegen können die nie

doch weil sie das nicht wissen und nicht darüber nachdenken
können sie doch ihre Wege durch die Luft lenken.

So fing es an

Mit einem Wunsch oder verlangen
hat bei den Menschen alles angefangen

sie waren Motor und Triebfeder
für jeden gegangenen Meter

doch leider, und das ist wahr
ist nicht jedem Menschen klar

nicht jeder Schritt den die Menschheit in eine Richtung machte
sie auch immer vorwärts brachte.

Zeitvertreib

Viele suchen danach, wie man sich die Zeit vertreibt
ich will lieber, dass sie bei mir bleibt

denn zu oft ist sie zu schnell verschwunden
und es wird keine mehr gefunden.

Die Zeit vergeht

Schöne Stunden vergehen oft wie im Flug
man bekommt von ihnen nicht so schnell genug

doch muss man auf etwas warten
würde man am liebsten sofort starten

doch dann empfinden wir jede Sekunde
als wäre sie so lang wie eine Stunde.

Teilbar

Man teilt sich im Leben viele Sachen
die das Leben auch angenehmer machen

oft teilt man sich eine Bierzeltbank
oder von jemandem einen großen Dank

auch Arbeitsplätze werden geteilt
und auch manchmal die gleichen Ziele angepeilt

man teilt sich Bett und Tisch
oder mal beim Essen einen Fisch

auch Freude und Trauer lassen sich teilen
man kann oft gemeinsam darin verweilen

so kann man vieles teilen im Leben
nur den Tod wird es für jeden alleine geben.

Die Zeit heilt Wunden

Eines kann jeder Mensch mit der Zeit erkunden
die Zeit heilt scheinbar alle Wunden

doch es wird leider sehr oft registriert
dass die Zeit diese Wunden schlampig operiert.

Papier

Papier sagt man ist geduldig
doch ist es niemals schuldig

an den Sätzen die Menschen auf ihm schreiben
und die in Erinnerung bleiben

das Papier kann sich nicht wehren
gegen die vielen falschen Lehren

es ist immer ein Mensch, der hinter jeder Zeile steckt
und manchmal viele andere Menschen damit erschreckt.

Wer braucht was?

Die Mauer braucht die Steine
der Tausendfüßler braucht die Beine

der Käse braucht die Löcher
der Pfeil braucht den Köcher

die Blume braucht den Duft
der Wind braucht die Luft

der Vogel braucht die Flügel
der Reiter braucht die Zügel

das Meeresufer braucht die Wogen
der Pfeil braucht den Bogen

doch es dauert oft zu lange, bis man entdeckt
der Mensch der braucht Respekt.

Die Toleranz

Das was viele Menschen nach außen lassen
wird nicht immer zu ihrem innersten passen

sehr oft sind ihre Mitmenschen nicht dazu bereit
oder es ist nicht die richtige Zeit

Toleranz wäre da ein Zauberwort
doch die fehlt leider an so manchem Ort.

Bilder aus Kindertagen

Bilder aus Kindertagen,
was können sie uns sagen

erzählen sie uns Geschichten
von was können sie uns berichten

eine Nachricht ist bei jedem Bild dabei
diese Tage sind meist schon lange vorbei.

Jung bleiben

Viele sind wegen des Alterns am schimpfen
doch da hilft kein Sport und auch kein Impfen

jedes Jahr merkt man in den Knochen
manchmal merkt man sogar auch ein paar Wochen

doch um im Kopf jung zu bleiben
braucht man nicht viel Aufwand zu betreiben

offen sein für neue Gedanken und Ideen
und die Augen offenlassen, um das auch zu sehen.

Nichts gemacht

Wir werden jederzeit damit konfrontiert
dass alles Folgen hat was passiert

doch wenn man darüber nachdenkt, so dann und wann
merkt man, dass das nicht gemachte schlimmere Folgen haben kann.

„dumme Sprüche“

Scheiße ist, wenn man nach einem langen Leben in sich geht,
und dann in einem leeren Raum steht.

Wenn jede Liebe auseinanderbricht,
könnte es sein, man versteht die Liebe nicht.

Auch wenn man seine Zeit nicht sinnlos verschwendet,
ist das Leben danach beendet.

Die Zeit erkennen

Wir erkennen sofort, zu kalt oder zu heiß
wir sehen sofort, es ist schwarz oder weiß

wir merken sofort, zu schwer oder zu leicht
wir erkennen sofort, zu tief oder zu seicht

wir fühlen sofort, zu langsam oder zu schnell
wir sehen sofort, zu dunkel oder zu hell

nur die Zeit können wir ohne Uhr nicht erfassen
das müssen wir über uns ergehen lassen

manchmal fühlen sich zehn Sekunden an wie eine Ewigkeit
dann wieder sind zehn Stunden zu wenig Zeit.

Die Zeit wird irgendwann fehlen

Die Zeit lässt sich nicht drehen
die Zeit ist schwer zu verstehen

die Zeit kann man nicht konservieren
die Zeit kann man nicht duplizieren

die Zeit kann man nicht spüren
die Zeit kann man nicht verführen

die Zeit kann man nicht umgestalten
die Zeit kann man nicht aufhalten

die Zeit kann man sich nicht stehlen
die Zeit wird einem irgendwann fehlen.

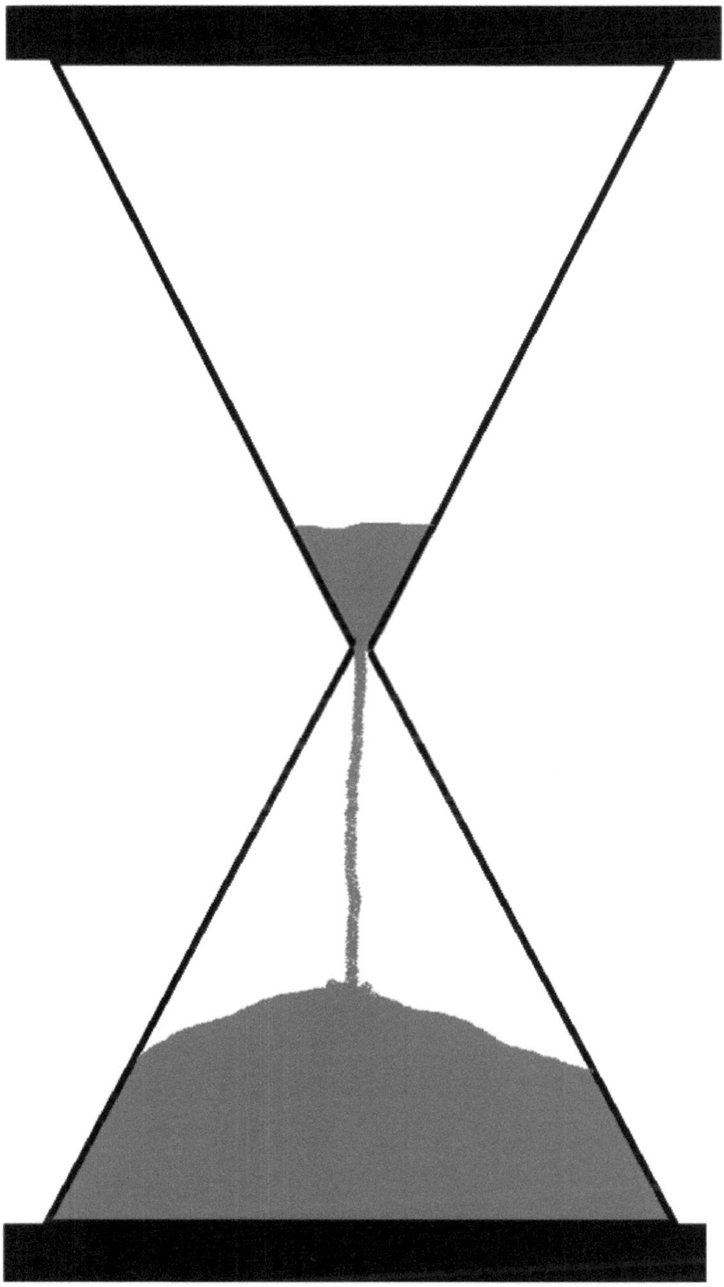

Wiedersehen

Wenn man überlegt ein Wiedersehen abzusagen
kann einen diese Entscheidung irgendwann plagen

denn dann kann es immer das Risiko geben
es könnte das letzte Wiedersehen sein im Leben.

Zur falschen Zeit

Eines ist im Leben zu beweisen
nicht immer ist eine Schuld jemandem zu zuweisen

weil das Schicksal eines nicht verzeiht
wenn jemand ist am falschen Ort zur falschen Zeit.

Gestorben?

Wenn Menschen sterben, und werden aus dem Leben gerissen
werden wir sie für immer vermissen

dann kann es einen Trost geben
in unserer Erinnerung werden sie weiterleben

worüber konnten sie herzhaft lachen
was wollten sie immer gerne machen

über was haben sie sich gerne unterhalten
mit was mochten sie gerne ihre Freizeit gestalten

erst wenn sich niemand mehr an sie erinnern kann
sind sie wirklich tot irgendwann.

Lebensfreude?

Könnte man in die Zukunft sehen
würde das Leben sehr langweilig vergehen

kein Witz den man hört von Kollegen
kann dich zu einem Lachen bewegen

jeder Stolperer von anderen Leuten
würde keine Überraschung bedeuten

man wüsste immer vorher schon
jede kommende Lebenssituation

doch ein Wissen für das man sich nicht bedankt
man weiß vorher woran man wann erkrankt

doch ein Wissen würde auslösen die größte Not
man wüsste auch den Tag von seinem Tod

deswegen muss man auf diese Fähigkeit verzichten
denn sie würde jede Lebensfreude vernichten.